30일간 하루 10분 영어필사

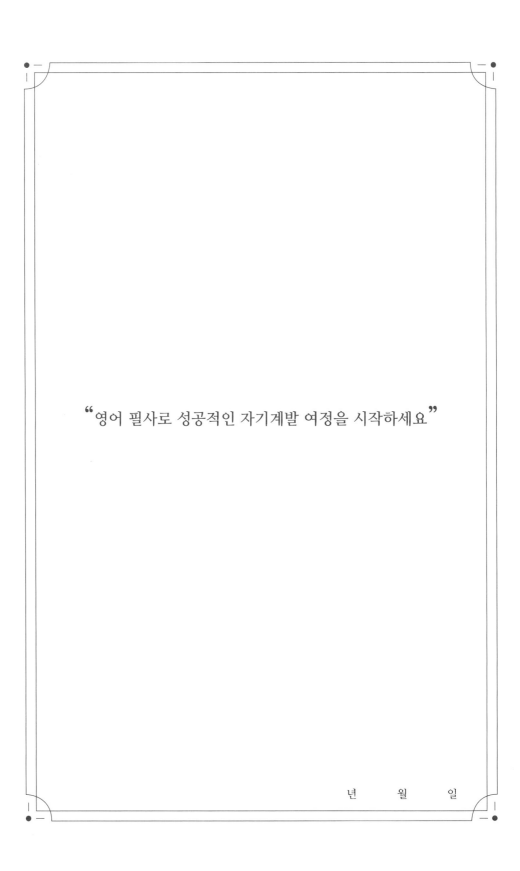

"영어 필사로 성공적인 자기계발 여정을 시작하세요"

년   월   일

30일간

하루 10분

영어필사

Mædəlin Buk

"동기부여와 함께하는 인생의 가치 탐색"

《30일간 하루 10분 영어 필사》는 영어 학습자들에게 영어 실력 향상과 함께 인생의 필수 항목을 탐구하는 독특한 자료입니다. 이 책은 총 10개의 다양한 주제로 구성되어 있으며, 각 주제는 인생에서 필요한 항목들을 다루고 있습니다. 각 주제는 다시 3개의 작은 주제로 나누어, 총 30개의 주제를 한 달 동안 필사할 수 있습니다.

영어 필사만으로 영어 실력을 향상시킬 수는 없겠지만, 30일간 꾸준히 영어 필사할 수 있도록 계획성 있는 자기 관리를 통해 성장 기반을 마련할 수 있습니다. 더불어 영어 필사 내용 또한, 인생에서 필요한 다양한 항목들에 대해 탐구하고 이해할 수 있도록 선별하였습니다. 각 주제는 자기 계발, 리더십, 성공 이야기, 긍정적 사고, 시간 관리, 재무 관리, 건강과 웰빙, 자기 탐색, 창의성, 그리고 관계에 대한 주제들로 구성되어 있습니다.

《30일간 하루 10분 영어 필사》를 통해 선별된 주제와 관련된 영어 본문을 읽고 번역하며, 본문의 주요 단어와 관련된 명언을 습득하면서 독자들은 인생의 중요한 가치와 개념을 탐구합니다. 더 나아가, 이 책은 독자들에게 음성 MP3 파일을 제공하여 영어 본문을 듣고 발음과 억양을 향상시킬 수 있는 기회를 제공합니다. MP3를 통해 학습자는 정확한 발음과 억양을 따라 해 보며 영어 실력을 더욱 향상시킬 수 있도록 반복적으로 들어봅니다.

《30일간 하루 10분 영어 필사》는 30일간 자신을 성찰할 수 있는 계기가 될 것이며, 영어 필사를 계획에 맞춰 하나씩 채워 나갈 때의 즐거움과 심리적 안정감을 함께 느낄 수 있습니다. 이 책을 통해 계획한 바대로 이루어지는 성취감과 만족감을 느껴보시기를 바랍니다.

목차

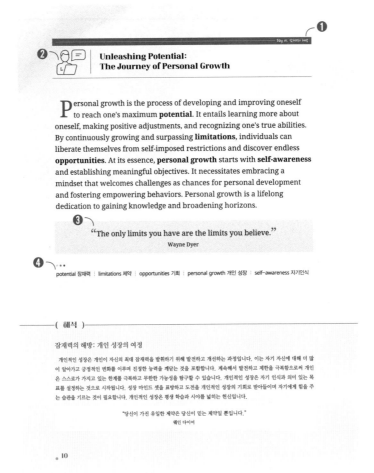

❶ 꾸준한 일일 학습: 매일 10분씩 시간을 내어 영어 필사를 진행하세요. 꾸준함이 중요하며, 하루에 10분씩이라도 지속적으로 학습하는 것이 중요합니다. 약속한 시간을 지키고 계획을 따르면서 꾸준히 노력해야 합니다.

❷ 주제별 학습: 이 책은 총 10가지 다양한 주제로 구성되어 있습니다. 각각의 주제는 인생에서 필요한 항목들을 다루고 있으며, 자기 계발, 리더십, 성공 이야기, 긍정적 사고, 시간 관리, 재무 관리, 건강과 웰빙, 자기 탐색, 창의성, 관계 등의 주제를 다룹니다. 주제별로 학습을 진행하면서 해당 주제에 대한 영어 본문을 읽고 필사하면서 동시에 주제에 대한 내용을 이해하고 습득할 수 있습니다.

❸ 어휘 습득: 영어 본문의 주요 어휘를 통해 표현력 및 독해력을 향상시킬 수 있습니다. 영어 본문을 읽고 번역하며 새로운 단어나 문법 구조를 습득하고 학습합니다. 이를 통해 영어 실력을 향상시킬 수 있습니다.

❹ 명언과 인용구 습득: 영어 필사를 하면서 본문의 내용과 관련된 명언이나 인용구를 습득할 수 있습니다. 이를 통해 영어 실력 뿐만 아니라 인생의 가치와 개념을 탐구할 수 있습니다.

읽고 듣고 쓰기　　　　　년　　월　　일

MP3

Personal growth is the process of developing and improving oneself to reach one's maximum potential.

❺ **음성 MP3 활용:** 이 책은 음성 MP3 파일을 제공합니다. 영어 본문을 듣고 발음과 억양을 향상시킬 수 있는 기회를 제공하며, 정확한 발음과 억양을 따라해보며 영어 실력을 더욱 향상시킬 수 있습니다. 반복적으로 들어봄으로써 영어 듣기 능력을 향상시킬 수 있습니다.

❻ **쓰기 활용:** 필사는 영어 원문을 읽고 이해하는 과정에서 문맥과 구조를 파악하고 핵심 아이디어를 추출하는 능력을 키울 수 있습니다. 홈페이지에서 무료로 제공하는 필사 노트 pdf 파일을 다운받아 직접 글을 써보며 자신만의 필체를 완성해 보세요.

자기계발

Self-Improvement

자기 계발에 대한 책은 자신을 개선하고
성장하기 위한 다양한 방법을 다룹니다.
자신에 대한 이해, 목표 설정, 습관 형성 등의
주제를 포함할 수 있습니다.

Unleashing Potential:
The Journey of Personal Growth

Personal growth is the process of developing and improving oneself to reach one's maximum **potential**. It entails learning more about oneself, making positive adjustments, and recognizing one's true abilities. By continuously growing and surpassing **limitations**, individuals can liberate themselves from self-imposed restrictions and discover endless **opportunities**. At its essence, **personal growth** starts with **self-awareness** and establishing meaningful objectives. It necessitates embracing a mindset that welcomes challenges as chances for personal development and fostering empowering behaviors. Personal growth is a lifelong dedication to gaining knowledge and broadening horizons.

> **"The only limits you have are the limits you believe."**
> Wayne Dyer

• • •

potential 잠재력 │ limitations 제약 │ opportunities 기회 │ personal growth 개인 성장 │ self-awareness 자기인식

(해석)

잠재력의 해방: 개인 성장의 여정

개인적인 성장은 개인이 자신의 최대 잠재력을 발휘하기 위해 발전하고 개선하는 과정입니다. 이는 자기 자신에 대해 더 많이 알아가고 긍정적인 변화를 이루며 진정한 능력을 깨닫는 것을 포함합니다. 계속해서 발전하고 제한을 극복함으로써 개인은 스스로가 가지고 있는 한계를 극복하고 무한한 가능성을 탐구할 수 있습니다. 개인적인 성장은 자기 인식과 의미 있는 목표를 설정하는 것으로 시작됩니다. 성장 마인드 셋을 표방하고 도전을 개인적인 성장의 기회로 받아들이며 자기에게 힘을 주는 습관을 기르는 것이 필요합니다. 개인적인 성장은 평생 학습과 시야를 넓히는 헌신입니다.

> "당신이 가진 유일한 제약은 당신이 믿는 제약일 뿐입니다."
> 웨인 다이어

Personal growth is the process of developing and improving oneself to reach one's maximum potential.

Charting the Course:
The Power of Goal Setting

Goal setting is a vital aspect of achieving success as it provides us with a clear sense of **direction** and **motivation**. By establishing specific and meaningful goals, we create a roadmap to guide us towards their **accomplishment**. Goals help us prioritize our actions, concentrate our energy, and overcome **challenges**. They push us beyond our comfort zones and inspire us to strive for greater heights. Through well-defined goals, we can monitor our progress, celebrate milestones, and remain dedicated to our vision. **Goal setting** is not solely about reaching the desired outcome; it encompasses the growth, learning, and transformation we undergo throughout the journey.

> **"**A goal without a plan is just a wish.**"**
>
> Antoine de Saint-Exupéry

• • •

direction 방향 | motivation 동기부여 | accomplishment 성취 | challenges 도전 | goal setting 목표 설정

(**해석**)

진로를 그리다: 목표 설정의 힘

목표 설정은 성공을 향해 나아가는 데 있어 중요한 도구입니다. 그것은 우리에게 명확성, 방향성 및 동기 부여를 제공합니다. 구체적이고 의미 있는 목표를 세우는 것으로 우리는 그것을 달성하기 위한 로드맵을 만들 수 있습니다. 목표는 우리가 행동을 우선순위로 정하고 에너지를 집중하며 장애물을 극복하는 데 도움을 줍니다. 그것들은 우리를 편안한 공간에서 벗어나게 하고 새로운 높이를 향해 동기를 부여합니다. 명확하게 정의된 목표를 통해 우리는 진행 상황을 추적하고 중간 단계를 축하하며 우리의 비전에 헌신할 수 있습니다. 목표 설정은 목표에 도달하는 것에 그치는 것이 아니라, 그 과정에서 경험하는 성장, 학습 및 변화를 포함합니다.

"계획 없는 목표는 단지 소망에 불과합니다."

안투안 드 생텍쥐페리

The Power of a Growth Mindset: Unlocking Your Potential

Having a growth mindset is crucial for personal growth and achievement. It involves embracing **challenges** as opportunities for **learning** and growth rather than obstacles to be avoided. With a **growth mindset**, one believes that their abilities and intelligence can be developed through dedication and effort. They are open to feedback, willing to take risks, and resilient in the face of difficulties. By stepping outside of their comfort zone, seeking new experiences, and consistently striving for **improvement**, individuals unlock their full **potential** and accomplish remarkable feats.

> "The only limit to our realization of tomorrow
> will be our doubts of today."
>
> Franklin D. Roosevelt

challenges 도전 | learning 학습 | growth mindset 성장 마인드 셋 | improvement 개선 | potential 잠재력

(해석)

성장 마인드셋의 힘: 잠재력 발휘하기

성장 마인드 셋은 개인적인 성장과 성공을 위해 중요합니다. 이는 도전을 성장과 학습의 기회로 받아들이고 피해야 하는 장애물로 보는 대신에 도전하는 것을 의미합니다. 성장 마인드 셋을 가진 사람은 노력과 열정을 통해 자신의 능력과 지능이 향상될 수 있다고 믿습니다. 그들은 피드백을 받아들이고, 위험을 감수하며, 어려움에 직면했을 때 탄력적으로 대처합니다. 편안한 지역을 벗어나 새로운 경험을 추구하고 끊임없이 성장하기 위해 노력함으로써 개인은 자신의 전체 잠재력을 발휘하고 놀라운 성과를 이룰 수 있습니다.

"내일의 성취에 제한은 오늘의 의심일 뿐입니다."
프랭클린 D. 루스벨트

Having a growth mindset is crucial for personal growth and achievement.

리더십

|

Leadership

리더십에 대한 책은 효과적인 리더가 되는 데 도움을 줍니다.
커뮤니케이션 기술, 조직 강화, 문제 해결 능력 등
리더십에 필요한 다양한 요소들을 다룰 수 있습니다.

Visionary Leadership: Inspiring a Brighter Future

Visionary leadership transcends mere management; it inspires and guides towards a compelling future. Visionary leaders possess an **inspiring** vision that ignites teams' enthusiasm. They effectively **communicate** this **vision**, enabling others to see the potential that lies ahead. By setting ambitious goals and sharing a roadmap for success, visionary leaders instill purpose and direction. They encourage **innovation**, challenge norms, and push boundaries. Through their **visionary leadership**, they motivate others to strive for greatness, fostering collective dedication to realizing a brighter tomorrow.

> **"**Leadership is not about being in charge.
> It is about taking care of those in your charge.**"**
>
> Simon Sinek

• • •

inspiring 영감을 주는 ┊ communicate 전달하다 ┊ vision 비전 ┊ innovation 혁신 ┊
visionary leadership 비전있는 리더십

─── (해석) ───

비전있는 리더십: 빛나는 미래를 영감으로

전망을 바라보는 리더십은 단순한 경영을 초월하여, 흥미로운 미래로 인도하고 영감을 줍니다. 전망 있는 리더는 팀의 열정을 불러일으키는 영감을 지니고 있습니다. 그들은 이 비전을 효과적으로 전달하여 다른 사람들이 앞에 펼쳐진 잠재력을 볼 수 있게 합니다. 야심 찬 목표를 설정하고 성공을 위한 로드맵을 공유함으로써, 전망 있는 리더는 목적과 방향을 주입합니다. 그들은 혁신을 장려하고 관습에 도전하며 경계를 넓힙니다. 전망 있는 리더십을 통해 다른 사람들이 위대함을 추구하도록 동기를 부여하여 더 밝은 미래를 실현하기 위한 집단적 헌신을 유발합니다.

"리더십은 지휘하는 것이 아니다. 당신 책임하에 있는 사람들을 돌보는 것이다."

사이먼 시넥

MP3

Visionary leadership transcends mere management; it inspires and guides towards a compelling future.

Servant Leadership:
Leading with Selflessness and Empathy

Servant leadership is a philosophy that prioritizes serving others over oneself. Leaders who practice this approach prioritize the well-being of their team, fostering **empathy** and **collaboration**. They lead with humility, actively listening and valuing diverse perspectives. Servant leaders **empower** their team members by providing support and resources. By focusing on service, they inspire trust, **loyalty**, and commitment. They create an environment where individuals can thrive and make a meaningful impact. Through their **selflessness**, servant leaders elevate team performance and morale, creating a positive ripple effect.

> **"**The best leaders are those most interested in surrounding themselves with assistants and associates smarter than they are.**"**
>
> John C. Maxwell

● ● ●

empathy 공감 │ collaboration 협업 │ empower 권한을 부여하다 │ loyalty 충성 │ selflessness 이타주의

(해석)

섬김의 리더십: 이타주의와 공감으로 이끄는

서번트 리더십은 자기보다는 다른 사람을 섬기는 것을 우선시하는 철학입니다. 이 방식을 따르는 리더들은 팀 구성원의 복지를 최우선으로 생각하며, 공감과 협력을 촉진합니다. 그들은 겸손하게 리더십을 발휘하고 적극적으로 듣고 다양한 시각을 존중합니다. 서번트 리더들은 팀 구성원들에게 지원과 자원을 제공하여 그들을 격려합니다. 서비스에 초점을 맞추어 신뢰, 충성심, 그리고 헌신을 일깨웁니다. 그들은 개인의 성장과 의미 있는 영향을 만들 수 있는 환경을 조성합니다. 이타적인 자세로 인해, 서번트 리더들은 팀의 성과와 사기를 향상시키며 긍정적인 영향을 만들어 냅니다.

> "가장 좋은 리더는 자신보다 똑똑한 조수와 동료들로 자신을 둘러싸는 사람들이다."
>
> 존 C. 맥스웰

Servant leadership is a philosophy that prioritizes serving others over one-self. Leaders who practice this approach prioritize the well-being of their users, ensuring security and collaboration.

Adaptive Leadership: Navigating Complexity with Flexibility and Innovation

Adaptive leadership is crucial in guiding organizations through complex, uncertain environments. It emphasizes adaptability, **problem-solving**, and navigating unfamiliar situations. In a rapidly changing world, organizations face challenges. Adaptive leaders are **flexible**, open-minded, and quick learners. They embrace change as opportunities for growth. They engage teams, encourage collaboration, and empower others. Adaptive leaders steer organizations towards stability, resilience, and success. They inspire trust, promote **adaptability**, and foster continuous learning. By embodying **adaptive leadership**, leaders navigate **uncertainty**, cultivating an innovative environment.

> "The art of leadership is not to spend your time measuring, evaluating. It's all about selecting the person. And if you believe you selected the right person, then you give that person the freedom, the authority, the delegation to innovate and to lead with their own personality."
>
> N.R. Narayana Murthy

• • •

problem-solving 문제 해결 | flexible 유연한 | adaptability 적응력 | adaptive leadership 적응 리더십 | uncertainty 불확실성

─(해석)─

적응 리더십: 유연성과 혁신으로 복잡성을 탐색하는

적응 리더십은 복잡하고 불확실한 환경에서 조직을 이끄는 데 필수적입니다. 이는 리더의 적응력, 문제 해결 능력, 그리고 낯선 상황에서 항해 능력을 강조합니다. 빠르게 변화하는 세계에서 조직은 다양한 도전과 변동에 직면합니다. 적응형 리더는 유연하며 개방적이며 빠른 학습자입니다. 그들은 변화를 성장의 기회로 바라봅니다. 그들은 팀과 소통하며 협업을 장려하고 다른 사람들에게 권한을 부여합니다. 적응형 리더는 조직을 안정성과 회복력, 장기적인 성공으로 이끕니다. 그들은 신뢰를 고취시키고 적응성을 촉진하며 지속적인 학습을 유도합니다. 적응 리더십을 구현함으로써 리더는 불확실성을 극복하며 혁신을 장려하는 환경을 조성합니다.

"리더십의 기술은 시간을 측정하고 평가하는 데 쓰는 것이 아니다. 그것은 사람을 선택하는 데 있다. 그리고 만약 옳은 사람을 선택했다고 믿는다면, 그 사람에게 혁신과 자기 개성으로 리드할 자유, 권한, 위임을 주는 것이다."

N.R. 나라야나 무르티

Adaptive leadership is crucial in guiding organizations through complex, uncertain environments. It emphasizes adaptability, problem-solving, and navigating unfamiliar situations.

성공 스토리

Success Stories

성공한 사람들의 이야기를 다룬 책은 영감을 주고 동기부여를 할 수 있습니다.
어려움을 극복하고 목표를 달성하는 과정에서 얻은
교훈과 전략을 공유하는 이야기들을 포함할 수 있습니다.

Drawing Inspiration from Accomplished Individuals: Unleashing Our Potential for Success

Success requires **dedication**, **determination**, and **unique qualities**. Learning from accomplished individuals who have excelled in their fields provides valuable **insights** and **guidance**. These individuals overcame challenges, embraced failure as a catalyst for growth, and developed effective strategies. Their stories inspire us to push boundaries and strive for greatness. By studying their experiences, we gain wisdom, practical tips, and a fresh perspective on achieving our goals. Drawing from their success empowers us to make informed decisions and confidently navigate our own paths.

> "Success is not the key to happiness. Happiness is the key to success. If you love what you are doing, you will be successful."
>
> Albert Schweitzer

· · ·

dedication 헌신 | determination 결심 | unique qualities 독특한 특징 | insights 통찰력 | guidance 지도

(해석)

성공한 개인들로부터 영감을 얻으며: 성공을 위한 잠재력 발휘하기

성공을 위해서는 헌신, 결단력, 그리고 독특한 능력이 필요합니다. 자신의 분야에서 성과를 거둔 인물들로부터 배움을 얻는 것은 가치 있는 통찰력과 안내를 제공합니다. 이들은 도전을 극복하고 성장의 계기로서 실패를 받아들이며 효과적인 전략을 개발했습니다. 그들의 이야기는 우리에게 한계를 뛰어넘고 위대함을 추구하는데 영감을 주는 요소입니다. 그들의 경험을 연구함으로써 우리는 지혜를 얻고 실용적인 조언과 우리의 목표를 달성하기 위한 새로운 시각을 얻게 됩니다. 그들의 성공에서 영감을 받아 우리는 정보에 기반한 결정을 내리고 자신의 길을 확신하며 걷게 됩니다.

"성공이 행복의 열쇠는 아니다. 행복이 성공의 열쇠다. 당신이 하는 일을 사랑한다면, 당신은 성공할 것이다."

알버트 슈바이처

Success requires dedication, determination, and unique qualities. Learning from accomplished individuals who have excelled in their fields provides valuable insights and guidance.

Triumph Over Challenges:
Inspiring Stories of Perseverance and Growth

Life is full of **challenges** that test our **strength** and **determination**. Success doesn't come easy; it requires overcoming obstacles and learning from them. In this collection of inspiring stories, we explore the lives of individuals who faced difficult situations and emerged victorious. These stories highlight the importance of **perseverance**, bravery, and finding creative solutions. They remind us that no matter how tough things get, with the right mindset and determination, we can overcome anything. From personal setbacks to professional hurdles, these stories offer valuable lessons and motivate us to keep moving forward. They teach us that challenges are not roadblocks but opportunities for personal **growth**.

> "The only limit to our realization of tomorrow
> will be our doubts of today."
>
> Franklin D. Roosevelt

• • •

challenges 도전 | strength 힘 | determination 결단력 | perseverance 인내 | growth 성장

─── (해석) ───

도전을 극복하며: 인내와 성장의 영감을 주는 이야기

인생은 우리의 힘과 결심을 시험하는 다양한 도전들로 가득합니다. 성공은 쉽게 오지 않습니다; 어려움을 극복하고 그로부터 배움을 얻어야 합니다. 이 영감을 주는 이야기들의 모음에서, 우리는 어려운 상황에 직면하고 성공한 개인들의 삶을 살펴봅니다. 이러한 이야기들은 인내심, 용기, 그리고 창의적인 해결책을 찾는 중요성을 강조합니다. 우리에게 어려운 일이 생기더라도, 올바른 마인드 셋과 결심력으로 모든 것을 극복할 수 있음을 상기시켜 줍니다. 개인적인 어려움에서 전문적인 장애까지, 이러한 이야기들은 소중한 교훈을 전하며 우리를 동기 부여합니다. 이들은 도전이 단지 장애물이 아니라 개인적인 성장의 기회임을 가르쳐 줍니다.

"내일의 실현에 제한은 오늘의 의심일 뿐이다."
프랭클린 D. 루스벨트

MP3

Life is full of challenges that test our strength and determination.

Triumph Over Adversity:
Inspiring Stories of Personal Achievements

In the realm of **personal achievements**, there are individuals who have faced difficult **challenges** on their path to success. They have shown strength, **determination**, and **resilience** to overcome seemingly insurmountable obstacles. From physical limitations to self-doubt, their stories inspire us to persevere. Through their unwavering determination, setbacks become opportunities for triumph. These stories remind us that success is not solely measured by external accomplishments but by inner growth and strength. They teach us that with self-belief and courage, we can conquer any challenge and achieve our dreams.

> "Success is not the absence of failure;
> it's the persistence through failure."
>
> Aisha Tyler

• • •

personal 개인적인 | achievements 업적 | challenges 도전 | determination 결단력 | resilience 회복력

(해석)

역경을 이기다: 개인적인 업적을 이룬 영감을 주는 이야기

개인적인 성취의 영역에서는, 성공을 향한 도전에서 어려운 과제를 마주한 개인들이 있습니다. 그들은 겉보기에 불가능한 장애물을 극복하기 위해 힘과 결단력, 인내력을 발휘했습니다. 신체적인 제한에서부터 자신에 대한 의문까지, 그들의 이야기는 우리에게 끈기를 갖고 이어 나가도록 영감을 줍니다. 그들의 단호한 결심을 통해, 실패는 승리의 기회로 변모합니다. 이러한 이야기들은 성공은 외부적인 성취뿐만 아니라 내면적인 성장과 힘으로써 측정되는 것임을 우리에게 상기시켜 줍니다. 그들은 자신에 대한 믿음과 용기로 어떠한 도전이라도 극복하고 꿈을 이룰 수 있다는 것을 우리에게 가르쳐줍니다.

"성공은 실패가 없음이 아니라, 실패를 통해 지속하는 것이다."
아이샤 타일러

MP3

In the realm of personal achievements, there are individuals who have
faced difficult challenges on their path to success.

긍정적인 생각

Positive Thinking

긍정적인 마인드 셋을 개발하는 것은
성공과 행복을 추구하는 데 중요한 요소입니다.
긍정적인 사고방식, 자기 자신에 대한 신뢰,
어려움에 대한 긍정적인 관점을 다룬 책을 추천해 드립니다.

The Power of Optimism:
Embracing Positivity on the Path to Success

Having an **optimistic** outlook can greatly impact our journey to success. By fostering a positive **mindset**, we can conquer **obstacles**, exhibit **resilience**, and reach our objectives. Optimism enables us to perceive possibilities in situations where others see only difficulties. It empowers us to remain motivated, focused, and resolute when faced with challenges. It enhances our overall happiness and contributes to a more gratifying and contented life. Embracing optimism involves having faith in ourselves, nurturing hope for the future, and approaching every circumstance with **positivity**.

> "Optimism is the faith that leads to achievement.
> Nothing can be done without hope and confidence."
> Helen Keller

optimistic 낙관적인 | mindset 사고 방식 | obstacles 장애물 | resilience 회복력 | positivity 긍정성

(해석)

낙관주의의 힘: 성공을 향한 긍정적인 태도의 수용

긍정적인 태도는 성공을 향해 나아가는 데에 큰 힘을 발휘할 수 있습니다. 긍정적인 마음가짐을 기르면 우리는 어려움을 극복하고 탄력을 유지하며 목표를 달성할 수 있습니다. 긍정적인 사고는 다른 사람들이 장애물만을 보는 상황에서 우리는 기회를 찾을 수 있게 해주며, 역경에 직면했을 때 동기부여를 유지하고 집중력을 유지하며 결단력을 갖출 수 있도록 도와줍니다. 긍정적인 태도는 우리의 총체적인 웰빙을 증진시키고 더 만족스럽고 충실한 삶을 만들어 줍니다. 긍정적인 태도를 품는 것은 우리 자신을 믿고 미래에 희망을 품으며 모든 상황을 긍정적인 태도로 대하는 것을 의미합니다.

"낙관주의는 성취로 이끄는 신념이다. 희망과 자신감 없이는 아무것도 할 수 없다."

헬렌 켈러

Having an optimistic outlook can greatly impact our journey to success.

The Art of Gratitude: Cultivating a Positive Life

Gratitude is a powerful **practice** that helps us **appreciate** and cultivate a positive life. It involves acknowledging and expressing gratitude for the **blessings**, experiences, and people in our lives. When we consciously practice **gratitude**, we shift our focus from what we lack to what we have, nurturing a sense of abundance and satisfaction. Gratitude brings many benefits, including increased happiness, improved relationships, and overall well-being. By integrating gratitude into our daily lives, we develop a more positive outlook and attract more positivity. It is an art that requires **mindfulness** and intention, reminding us to cherish the present moment and find joy in simple things. Embracing the art of gratitude empowers us to live a more fulfilling and optimistic life.

"Gratitude turns what we have into enough."

Unknown

• • •

practice 실천 | appreciate 감사하다 | blessings 축복 | gratitude 감사 | mindfulness 정신적인 주의

─── (해석) ───

감사의 예술: 긍정적인 삶을 기르다

감사는 우리가 감사하게 여기고 긍정적인 삶을 기를 수 있는 변혁적인 실천입니다. 이는 우리 삶에서 받은 축복, 경험, 그리고 사람들에 대한 감사를 인정하고 표현하는 것을 포함합니다. 우리가 의식적으로 감사를 실천할 때, 우리는 부족한 것보다 우리가 가진 것에 집중함으로써 풍요와 만족감을 양성시킵니다. 감사는 행복감을 증가시키고 관계를 향상시키며 전반적인 웰빙을 증진시키는 등 많은 혜택을 가져옵니다. 매일의 삶에 감사를 통합함으로써 우리는 더 긍정적인 시각을 개발하고 더 많은 긍정을 유도할 수 있습니다. 이는 명상과 의도성을 필요로 하는 예술이며, 우리에게 현재의 순간을 즐기고 작은 것들에서 기쁨을 찾아보라고 상기시킵니다. 감사의 예술을 받아들이면 더욱 풍요롭고 낙관적인 삶을 사는 능력을 얻을 수 있습니다.

"감사는 우리가 가진 것을 충분하게 만든다."

익명

Gratitude is a powerful practice that helps us appreciate and cultivate a positive life.

The Power of Positive Self-Talk: Unlocking Personal Growth and Success

Positive self-talk is an incredibly powerful tool for **personal growth and success**. It involves consciously and intentionally directing our inner dialogue in a positive and empowering way. By replacing negative self-talk and self-limiting beliefs with positive and affirming statements, we can reshape our **mindset** and boost our **self-confidence**. **Positive self-talk** enables us to overcome obstacles, stay motivated, and persevere in the face of challenges. It acts as a supportive inner voice that encourages us to embrace our strengths, seize opportunities, and believe in our ability to achieve our goals. By practicing positive self-talk consistently, we cultivate a resilient mindset that empowers us to overcome setbacks and unlock our full potential.

> "You are capable of more than you know. Choose your thoughts wisely and speak to yourself with kindness and positivity."
>
> Unknown

• • •

personal growth 개인적인 성장 | success 성공 | mindset 사고방식 | self-confidence 자신감 |
positive self-talk 긍정적인 자기 대화

(해석)

긍정적인 자기 대화의 힘: 개인적인 성장과 성공을 끌어내다

긍정적인 자기 대화는 개인적인 성장과 성공을 위한 놀라울 정도로 효과적인 도구입니다. 이는 의식적이고 의도적으로 내부 대화를 긍정적이고 자기를 도와주는 방식으로 이끄는 것을 의미합니다. 부정적인 자기 대화와 자기 제한적인 믿음을 긍정적이고 확신에 찬 문장으로 대체함으로써 우리의 사고방식을 재구성하고 자신감을 높일 수 있습니다. 긍정적인 자기 대화는 우리가 장애물을 극복하고 동기부여를 유지하며 도전에 대처할 수 있도록 돕습니다. 이는 우리의 강점을 받아들이고 기회를 잡으며 목표를 달성할 능력을 믿도록 격려하는 지지적인 내부 목소리 역할을 합니다. 긍정적인 자기 대화를 꾸준히 실천함으로써 우리는 역경을 극복하고 우리의 전체 잠재력을 발휘할 수 있는 탄력적인 사고방식을 기를 수 있습니다.

"당신은 자신이 알고 있는 것보다 더 능력이 있습니다.
생각을 현명하게 선택하고 자신에게 친절하고 긍정적으로 대화하세요."
미상

Positive self-talk is an incredibly powerful tool for personal growth and success.

시간 관리

Time Management

효율적인 시간 관리는 성공적인 삶을 살기 위해 필수적입니다.
시간을 효과적으로 계획하고 우선순위를 정하는 방법,
작업을 완료하는 데 필요한 스킬 등에 대한 책을 고려해 보세요.

Maximizing Productivity:
The Art of Effective Task Prioritization

To enhance **productivity**, it is important to **prioritize** tasks effectively. By identifying the most important and urgent tasks and allocating time and energy accordingly, you can optimize your workflow and accomplish your goals. Prioritization involves assessing the importance and urgency of each **task**, allowing you to concentrate on what truly matters. Making thoughtful decisions about task prioritization improves **efficiency** and ensures the timely **completion** of crucial work. Effective prioritization is a valuable skill that maximizes the use of time and resources.

"The key to productivity lies in prioritization. Focus on what matters most and watch your accomplishments soar."

Unknown

• • •

productivity 생산성 | prioritize 우선순위를 정하다 | tasks 작업 | efficiency 효율성 | completion 완료

(해석)

생산성 극대화: 효과적인 작업 우선순위 설정의 기술

생산성을 극대화하기 위해서는 업무를 효과적으로 우선순위를 정하는 것이 중요합니다. 각 업무의 중요성과 긴급성을 파악하고 그에 따라 시간과 에너지를 할당함으로써 작업 흐름을 최적화하고 목표를 달성할 수 있습니다. 우선순위를 정하는 것은 각 작업의 중요성과 긴급성을 평가하여 진정으로 중요한 것에 집중할 수 있도록 도와줍니다. 업무 우선순위에 대한 신중한 결정은 효율성을 높이고 필수적인 작업을 적시에 완료할 수 있도록 합니다. 효과적인 우선순위 정하기는 시간과 자원의 최대 활용을 도와주는 귀중한 기술입니다.

"생산성의 열쇠는 우선순위입니다. 가장 중요한 일에 집중하면 성과가 급상승합니다."

미상

To enhance productivity, it is important to prioritize tasks effectively.

The Path to Success: Setting Effective Goals and Mastering Time Management

Setting effective **goals** and managing time are crucial for achieving success. Clear and specific goals provide a sense of **direction** and **purpose**, acting as a roadmap for your actions and decisions. Efficient **time management** ensures that you allocate sufficient time and resources to work towards your objectives. Prioritizing tasks, creating schedules, and avoiding procrastination are essential strategies for managing time effectively. Aligning your time with your goals enables you to make consistent **progress** and stay focused on what truly matters.

> "Goals without effective time management are merely dreams. Manage your time wisely, and watch your dreams transform into reality."
>
> Unknown

• • •

goals 목표 | direction 방향 | purpose 목적 | time management 시간 관리 | progress 진행

(해석)

성공을 향한 길: 효과적인 목표 설정과 시간 관리의 습득

효과적인 목표 설정과 시간 관리는 성공을 달성하는 데 있어서 중요합니다. 명확하고 구체적인 목표를 설정함으로써 방향성과 목적감을 부여합니다. 이러한 목표는 행동과 결정을 이끌어 주는 지도 역할을 합니다. 또한, 효율적인 시간 관리는 목표에 대한 작업에 필요한 시간과 자원을 할당할 수 있습니다. 업무 우선순위를 정하고 일정을 만들며 미루기를 피하는 것은 시간 관리의 필수적인 전략입니다. 시간을 목표와 조화시킴으로써 지속적인 진전을 이루고 진정으로 중요한 것에 집중할 수 있습니다.

"효과적인 시간 관리 없는 목표는 단지 꿈에 불과합니다. 시간을 현명하게 관리하면 꿈이 현실로 변합니다."

미상

Setting effective goals and managing time are crucial for achieving success.

Overcoming Procrastination:
Unleashing Productivity and Achieving Success

Procrastination can hinder **productivity** and **success** by causing delays and missed opportunities. Understanding the root causes of procrastination and implementing effective **strategies** can help overcome this habit. Breaking tasks into smaller, manageable steps reduces the feeling of overwhelm. Setting deadlines and creating a structured schedule maintains focus and accountability. Developing **self-discipline** and a proactive mindset are essential in combating **procrastination**. Taking timely action and minimizing distractions increases productivity, enables goal achievement, and fosters personal and professional fulfillment.

> "Don't wait for the perfect moment.
> Take the moment and make it perfect."
>
> Unknown

• • •

productivity 생산성 │ success 성공 │ strategies 전략 │ self–discipline 자기 규율 │
procrastination 지연, 미루는 버릇

(해석)

미루기 극복: 생산성 발휘와 성공 달성

 일을 미루는 것은 지연과 기회 상실을 만들면서 생산성과 성공에 방해가 되는 요인입니다. 미루기의 근본적인 원인을 이해하고 효과적인 전략을 실행함으로써 이 습관을 극복할 수 있습니다. 일을 작은 단계로 나누어 처리하면 압박감이 줄어듭니다. 마감일을 정하고 구조적인 일정을 만들면 집중력과 책임감을 유지할 수 있습니다. 또한, 자기 훈련과 선제적인 마인드 셋을 개발하는 것이 미루기에 대항하기 위해 중요합니다. 적시에 행동을 취하고 주의를 분산시키는 것은 생산성을 높이고 목표를 달성하며 개인적이고 전문적인 성취를 이루는 데 도움이 됩니다.

> "완벽한 순간을 기다리지 마세요. 그 순간을 잡고 완벽하게 만드세요."
>
> 미상

Procrastination can hinder productivity and success by causing delays and missed opportunities.

금융 관리

Financial Management

금전적인 측면에서의 스마트한 결정은
안정적인 경제적인 미래를 위해 중요합니다.
예산 관리, 투자 전략, 부동산 투자 등
금융 관리에 관한 책을 검토해 보세요.

Mastering Personal Finance:
The Power of Budgeting for Financial Success

Budgeting is a crucial skill for attaining **financial success**. It entails planning and allocating your money wisely. By acquiring effective **budgeting** techniques, you can assume **control** over your finances and make informed choices regarding **spending** and **saving**. Begin by evaluating your income and expenses, then create a realistic budget that covers essential needs and incorporates savings. Monitor your expenses and periodically review your budget to make any required modifications. By establishing precise financial goals and exercising discipline in managing your finances, you can foster long-term financial stability and accomplishment.

> "A budget is telling your money where to go instead of wondering where it went."
>
> Dave Ramsey

• • •

financial success 재무적 성공 | budgeting 예산 편성 | control 통제 | spending 지출 | saving 저축

(해석)

개인 재정 관리의 석학: 재무 성공을 위한 예산 편

예산 편성은 재정적인 성공을 달성하기 위한 중요한 기술입니다. 이는 돈을 현명하게 계획하고 할당하는 것을 의미합니다. 효과적인 예산 관리 기법을 배움으로써 재정에 대한 통제력을 가질 수 있으며 소비와 저축에 대한 정보화된 결정을 내릴 수 있습니다. 수입과 지출을 평가하고 필수적인 필요를 충족시키고 저축을 포함한 현실적인 예산을 작성하세요. 지출을 추적하고 정기적으로 예산을 검토하여 필요한 조정을 가하세요. 구체적인 재정적 목표를 설정하고 재정 관리에 대한 규율을 따름으로써 장기적인 재정 안정성과 성공을 도모할 수 있습니다.

"예산은 돈이 어디로 갔는지 궁금해하는 대신 돈이 어디로 가야 하는지 알려주는 것이다."

데이브 램지

Budgeting is a crucial skill for attaining financial success.

Investing for Wealth Growth:
Navigating the Path to Financial Success

Investing is a powerful way to grow your wealth, but understanding the basics is essential. It's important to set clear **investment goals** and research different options like stocks, bonds, and mutual funds. **Diversifying** your investments across various **assets** helps manage risks and maximize returns. Regularly monitoring your **portfolio** and staying informed about market trends allows for timely adjustments. Seeking professional advice and controlling your emotions provide valuable guidance. Maintaining a long-term **perspective** and understanding the risks are key to achieving success.

> "The stock market is filled with individuals
> who know the price of everything, but the value of nothing."
>
> Philip Fisher

• • •

investment goals 투자 목표 | diversifying 다양화 | asset 자산, 재산 | portfolio 포트폴리오 | perspective 관점

(해석)

재물 성장을 위한 투자: 재정적 성공을 위한 길을 걷다

투자는 재산을 증가시키는 강력한 방법이지만, 기본 사항을 이해하는 것이 필수적입니다. 투자 목표를 명확히 설정하고 주식, 채권, 상호 펀드 등 다양한 옵션을 연구하는 것이 중요합니다. 자산을 다양한 분야에 분산하여 위험을 관리하고 수익을 극대화하는 것이 좋습니다. 포트폴리오를 정기적으로 모니터링하고 시장 동향을 파악하여 적시에 조정할 수 있습니다. 전문가의 조언을 구하고 감정을 통제하는 것이 귀중한 안내가 됩니다. 장기적인 시각을 유지하고 위험을 이해하는 것이 성공을 이루는 핵심입니다.

"주식 시장은 모든 가격을 아는 사람들로 가득하지만, 아무 가치도 알지 못하는 사람들이다."

필립 피셔

Investing is a powerful way to grow your wealth, but understanding the basics is essential

Mastering Debt Management: Building a Path to Financial Freedom

Effective **debt management** is essential for achieving **financial freedom**. By implementing proven strategies, you can regain control over your debts and pave the way to a secure financial future. Start by creating a practical **budget** that accounts for debt repayment and essential expenses. **Prioritize** your debts based on interest rates and amounts owed, and consider consolidating them into a single payment with a lower interest rate. Negotiating with creditors for reduced rates or extended repayment terms can also be helpful. Lastly, adopting **responsible spending** habits and avoiding unnecessary debt will prevent future financial challenges. With disciplined debt management, you can embark on a path to financial stability and independence.

> "The best way to predict your future is to create it."
>
> Peter Drucker

• • •

debt management 부채 관리 | financial freedom 재정적 자유 | budget 예산 | prioritize 우선순위를 정하다 |
responsible spending 책임있는 소비

─(해석)─

부채 관리 숙달하기: 재정적 자유를 위한 길을 만들다

효과적인 부채 관리는 재무 자유를 얻기 위해 중요합니다. 입증된 전략을 사용하여 부채를 통제하고 안정적인 재무 미래를 구축할 수 있습니다. 우선, 부채 상환과 필수 지출을 고려한 실용적인 예산을 만드는 것이 중요합니다. 이자율과 상환 금액을 기준으로 부채 상환을 우선순위에 맞추고, 이자율이 낮은 단일 지불로 부채를 통합하는 것도 도움이 될 수 있습니다. 또한, 채권자와 협상하여 이자율을 낮추거나 상환 기간을 연장하는 것도 부담을 줄일 수 있습니다. 마지막으로, 책임 있는 소비 습관을 갖추고 불필요한 부채를 피함으로써 향후 재정적인 어려움을 방지할 수 있습니다. 체계적인 부채 관리를 통해 재정 안정과 독립을 향한 길을 걷게 될 수 있습니다.

> "미래를 예측하는 가장 좋은 방법은 그것을 만들어 가는 것이다."
>
> 피터 드러커

Effective debt management is essential for achieving financial freedom.

건강과 웰빙

|

Health and Well-being

건강과 웰빙은 행복하고 성공적인 삶을 위한 필수 요소입니다.
신체적, 정신적, 감정적인 건강을 증진시키는 방법,
운동, 영양, 명상 등에 대한 책을 고려해 보세요.

Nurturing Mental Health for Overall Well-being

Taking care of our **mental health** is crucial for **overall well-being** and emotional balance. It involves self-care, seeking support when needed, and adopting healthy **coping strategies**. Strategies for promoting mental well-being include mindfulness, exercise, and nurturing relationships. Addressing stressors, managing negative thoughts, and building **resilience** are important. Embracing and expressing emotions, developing communication skills, and engaging in fulfilling activities contribute to emotional balance. Prioritizing mental health enhances quality of life and improves resilience in facing challenges.

> **"The greatest wealth is health."**
> Ralph Waldo Emerson

• • •

mental health 정신 건강 │ overall 전반적인, 전체적인 │ well-being 안녕, 웰빙 │ coping strategies 대처 전략 │ resilience 회복력, 탄력성

(해석)

전반적인 웰빙을 위한 정신 건강 육성

우리의 정신 건강을 돌보는 것은 전반적인 웰빙과 감정적인 균형을 위해 필수적입니다. 이는 자기 관리, 필요할 때 지원을 찾기, 건강한 대처 전략을 채택하는 것을 포함합니다. 정신적 웰빙을 증진하기 위한 전략으로는 명상, 운동, 관계 형성 등이 있습니다. 스트레스 요인을 다루고 부정적인 생각을 관리하며 내성을 갖추는 것이 중요합니다. 감정을 받아들이고 표현하며 의사소통 기술을 발전시키고 충족스러운 활동에 참여하는 것은 감정적 균형에 기여합니다. 정신 건강을 우선시함으로써 삶의 질을 향상시키고 도전에 대해 더 큰 회복력을 발휘할 수 있습니다.

> "가장 큰 부는 건강이다."
> 랄프 월도 에머슨

년   월   일

Taking care of our mental health is crucial for overall well-being and emotional balance.

Nurturing Resilience:
Effective Stress Management Strategies

In today's fast-paced world, effective **stress management** is essential for coping with challenges and cultivating **resilience**. Understanding stress triggers and its impact is the first step. **Relaxation techniques** like deep breathing, meditation, or yoga can be helpful. Regular exercise, a balanced lifestyle, and **self-care** are important. Building a support system of friends, family, or professionals offers an outlet for expressing emotions and seeking guidance. Setting realistic goals, managing time wisely, and cultivating **positive thinking** reduce stress and enhance resilience. By implementing these strategies, we improve well-being, maintain balance, and navigate stress more smoothly.

"The greatest weapon against stress is our ability to choose one thought over another."

William James

• • •

stress management 스트레스 관리 | resilience 회복력 | relaxation techniques 이완 기술 | self-care 자기 관리 | positive thinking 긍정적인 사고방식

(해석)

회복력 키우기: 효과적인 스트레스 관리 전략

오늘날 빠른 변화가 일어나는 세상에서는 도전에 대처하고 회복력을 기르기 위해 효과적인 스트레스 관리가 필수적입니다. 스트레스의 유발 요인과 영향을 이해하는 것이 첫 번째 단계입니다. 심호흡, 명상 또는 요가와 같은 이완 기법은 도움이 될 수 있습니다. 규칙적인 운동, 균형 잡힌 생활, 자기 관리도 중요합니다. 친구, 가족 또는 전문가들과의 지원 체계를 구축하여 감정을 표현하고 지도를 받을 수 있는 공간을 마련하는 것이 좋습니다. 현실적인 목표를 설정하고 시간을 현명하게 관리하며 긍정적인 생각을 키움으로써 스트레스를 줄이고 회복력을 향상시킬 수 있습니다. 이러한 전략을 시행함으로써 웰빙을 향상시키고 균형을 유지하며 스트레스를 원활하게 극복할 수 있습니다.

"스트레스에 대항하는 가장 큰 무기는 다른 생각을 선택할 수 있는 능력입니다."

윌리엄 제임스

In today's fast-paced world, effective stress management is essential for coping with challenges and cultivating resilience.

Nourishing Your Body:
The Importance of Proper Nutrition

Proper nutrition is crucial for a healthy lifestyle and optimal health. It involves making informed choices, ensuring a **balanced diet** that meets our body's needs. This includes **nutrient-dense** foods like fruits, vegetables, whole grains, lean proteins, and healthy fats. Prioritizing fresh, unprocessed foods and limiting sugary beverages and processed snacks is important. **Portion control** and **mindful** eating contribute to better nutrition. Staying hydrated by drinking enough water is crucial. These practices enhance well-being, support bodily functions, and **reduce** chronic disease risks.

> "Let food be thy medicine and medicine be thy food."
>
> Hippocrates

• • •

balanced diet 균형 잡힌 식단 | nutrient-dense 영양제 | portion control 식사량 조절 | mindful 염두에 두는 | reduce 줄이다

(해석)

몸에 영양 공급하기: 적절한 영양의 중요성

적절한 영양 섭취는 건강한 생활과 최적의 건강을 위해 필수적입니다. 이는 정보를 바탕으로 한 영양 섭취 결정과 우리 몸의 요구를 충족하는 균형 잡힌 식단을 유지하는 것을 의미합니다. 이에는 과일, 채소, 전곡류, 저지방 단백질, 건강한 지방 등 영양소가 풍부한 식품이 포함됩니다. 신선하고 가공되지 않은 식품을 우선으로 선택하고, 당이 많은 음료와 가공 과자의 섭취를 제한하는 것이 중요합니다. 적절한 식사량 조절과 명상적인 식사도 영양 섭취에 도움이 됩니다. 충분한 물 섭취로 수분 공급은 중요합니다. 이러한 실천 방법은 웰빙을 증진시키고 신체 기능을 지원하며 만성 질환의 위험을 감소시킵니다.

"음식이 너의 약이 되게 하고, 네 음식이 너의 약이 되게 하라."
히포크라테스

Proper nutrition is crucial for a healthy lifestyle and optimal health.

자기탐구

Self-Exploration

자기를 이해하고 자기 신념을 발전시키는 것은
인생의 여정에서 중요한 과정입니다.
자아 발견, 목표 설정, 자아 성장 등에 관한 책을 검토해 보세요.

Living in Alignment:
Discovering the Power of Your Values

By taking the time to understand your **values**, you gain **clarity** on what drives your decisions, shapes your behavior, and influences your overall sense of **fulfillment**. Your values serve as a compass, guiding you in making choices that align with who you are and what you stand for. They act as a foundation for personal growth, helping you **prioritize** your goals, establish meaningful relationships, and create a sense of purpose in your life. When you are in tune with your values, you can live **authentically** and make decisions that bring you closer to living a fulfilling and purposeful life.

> "Your beliefs become your thoughts, your thoughts become your words, your words become your actions, your actions become your habits, your habits become your values, your values become your destiny."
>
> Mahatma Gandhi

• • •

values 가치 | clarity 명확성 | fulfillment 충족감 | prioritize 우선순위를 정하다 | authentically 진정으로

(해석)

조화로운 삶: 가치 발견의 힘

가치를 이해하기 위해 시간을 할애함으로써, 당신의 결정에 영향을 주는 것, 행동을 형성하는 것, 전반적인 만족감에 영향을 미치는 것을 명확히 알게 됩니다. 가치는 당신이 누구이며 무엇을 지지하는지와 일치하는 선택을 할 수 있도록 당신을 안내하는 나침반이 됩니다. 이는 개인적인 성장의 기초로 작용하여 목표를 우선순위에 두고 의미 있는 관계를 형성하며, 삶에 목적감을 창출하는 데 도움을 줍니다. 가치와 조화를 이룰 때, 진정성 있게 살아가며, 충족감과 목적의식을 갖춘 삶으로 나아갈 수 있는 결정을 할 수 있습니다.

"너의 신념은 너의 생각이 되고, 너의 생각은 너의 말이 되며, 너의 말은 너의 행동이 되고, 너의 행동은 너의 습관이 되고, 너의 습관은 너의 가치가 되며, 너의 가치는 너의 운명이 된다."

마하트마 간디

By taking the time to understand your values, you gain clarity on what drives your decisions, shapes your behavior, and influences your overall sense of fulfillment.

The Power of Self-Reflection:
Unleashing Personal Growth

Self-reflection is essential for **personal growth**, involving **introspection** and deepening **self-awareness**. By examining thoughts, emotions, and experiences, valuable insights into strengths, weaknesses, and areas for improvement are gained. Evaluating beliefs, values, and goals ensures **alignment** with the authentic self. Identifying patterns, habits, and behaviors hindering progress empowers positive change. Through **self-reflection**, understanding of motivations and aspirations develops, fostering growth and confidence. It enables intentional choices in alignment with true desires.

"The only journey is the journey within."

Rainer Maria Rilke

• • •

personal growth 개인 성장 | introspection 내면적 탐구 | self-awareness 자기 인식 | alignment 일치, 조화 | self-reflection 자기 반성

──(해석)──

자기 반성의 힘: 개인 성장을 이끄는 열쇠

자기반성은 개인적인 성장을 위해 필수적인 요소로, 내성적인 사고와 깊이 있는 자기 인식을 포함합니다. 생각, 감정, 경험을 조명함으로써, 강점, 약점, 발전 가능한 영역에 대한 소중한 통찰력을 얻을 수 있습니다. 신념, 가치, 목표를 평가하여 진정한 본질과 일치시킵니다. 진전을 방해하는 패턴, 습관, 행동을 확인하여 긍정적인 변화를 이끌어냅니다. 자기반성을 통해 동기와 염원에 대한 이해가 발전하여 성장과 자신감을 유도합니다. 진정한 욕망과 일치하는 의도적인 선택이 가능해집니다.

"유일한 여행은 자기 내면으로의 여행이다."

라이너 마리아 릴케

Self-reflection is essential for personal growth, involving introspection and deepening self-awareness.

Embracing Authenticity: Living a Genuine Life

Embracing **authenticity** means honoring your true self, celebrating **uniqueness** without fearing judgment. It entails aligning actions, choices, and values with **inner beliefs**. Being genuine in relationships, career, and personal goals is essential. Authenticity cultivates **self-acceptance**, confidence, and inner peace. Letting go of societal expectations enables a life aligned with personal aspirations. It empowers **genuine expression** of thoughts, emotions, and opinions, fostering deep connections based on understanding and acceptance.

> "Be yourself; everyone else is already taken."
>
> Oscar Wilde

• • •

authenticity 진실성 | uniqueness 독특함 | inner beliefs 내면적 신념 | self-acceptance 자기 수용 |
genuine expression 진실한 표현

(해석)

진실성 받아들이기: 진정한 삶을 사는 법

진정성을 받아들이는 것은 판단을 두려워하지 않고 독특함을 축하하며 진정한 자신을 존중하는 것을 의미합니다. 행동, 선택, 가치를 내적 신념과 일치시키는 것을 포함합니다. 관계, 직업, 개인적인 목표에서 진정성을 발휘하는 것이 중요합니다. 진정성은 자아 인정, 자신감, 내적 평화를 기르는 데 도움을 줍니다. 사회적인 기대를 놓아주면 개인적인 염원과 일치하는 삶을 살 수 있습니다. 이는 생각, 감정, 의견을 진정하게 표현할 수 있는 힘을 주고, 이해와 수용에 기초한 깊은 연결을 유도합니다.

"자기 자신이 되라. 다른 사람은 이미 다 있으니까."

오스카 와일드

Embracing authenticity means honoring your true self, celebrating
uniqueness without fearing judgment.

창의성

|

Creativity

창의성은 문제 해결, 혁신, 자기표현 등에 필요한 능력입니다.
창의적인 사고방식, 아이디어 발전,
예술과 디자인 등에 대한 책을 추천해 드립니다.

Nurturing Creative Thinking: Unleashing Innovative Potential

Cultivating **creative thinking** involves creating an environment that fosters **innovative** ideas and encourages exploring **unconventional** solutions. It requires curiosity, challenging assumptions, and breaking free from traditional thinking patterns. Creative thinkers actively seek new perspectives, make connections between unrelated concepts, and push the boundaries of what is possible. They embrace risk-taking, learn from failures, and continuously refine their ideas. Cultivating creative thinking enhances **problem-solving skills**, promotes adaptability, and sparks **inspiration** and innovation in various aspects of life. By nurturing creative thinking, individuals can unleash their potential for transformative ideas that shape the world.

> "Creativity is intelligence having fun."
>
> Albert Einstein

• • •

creative thinking 창의적 사고 | innovative 혁신적인 | unconventional 비전통적인 | problem-solving skills 문제 해결 능력 | inspiration 영감

───(해석)───────────────────────

창의적 사고 기르기: 혁신적 잠재력 풀어나가기

창의적 사고를 기르기 위해서는 혁신적인 아이디어를 육성하고 관행을 벗어나는 것을 장려하는 환경을 조성해야 합니다. 호기심을 가져야 하며, 가정을 도전하고 전통적인 사고 패턴에서 벗어나야 합니다. 창의적 사고자들은 새로운 시각을 적극적으로 탐구하고 관련 없는 개념 사이에서 연결을 만들며 가능성의 경계를 넓힙니다. 그들은 위험을 감수하며 실패로부터 배우고 아이디어를 지속적으로 개선합니다. 창의적 사고를 기르면 문제 해결 능력이 향상되고 적응력이 증진되며 삶의 다양한 측면에서 영감과 혁신이 불러일으킵니다. 창의적 사고를 양성함으로써 개인은 세계를 형성하는 변혁적인 아이디어의 잠재력을 발휘할 수 있습니다.

"창의성은 즐기는 지혜다."
알버트 아인슈타인

Cultivating creative thinking involves creating an environment that fosters innovative ideas and encourages exploring unconventional solutions.

Nurturing Creative Collaboration: Unleashing Collective Brilliance

Fostering a culture of **collaboration** and **creativity** is crucial for inspiring **innovative** ideas and driving collective success. It involves creating an **inclusive** environment where individuals freely share their thoughts, talents, and expertise. By encouraging open communication, active listening, and constructive feedback, teams harness the power of collective intelligence. Collaboration stimulates creativity by leveraging diverse perspectives, sparking new connections, and challenging conventional thinking. It promotes **synergy** and seamless integration of ideas, leading to groundbreaking solutions. Embracing creative collaboration unlocks an organization's full potential, fosters innovation, and achieves remarkable outcomes.

"Alone we can do so little; together we can do so much."

Helen Keller

• • •

collaboration 협업 | creativity 창의성 | innovative 혁신적인 | inclusive 포용적인 | synergy 시너지

─(해석)─

창의적인 협업 기르기: 집단적인 창의력 풀어나가기

협업과 창의성을 육성하는 문화는 혁신적인 아이디어를 영감으로 하고 집단적인 성공을 이끌기 위해 중요합니다. 이는 개인이 자유롭게 생각, 재능, 전문성을 공유할 수 있는 포용적인 환경을 조성하는 것을 의미합니다. 개방적인 커뮤니케이션, 적극적인 청취, 건설적인 피드백을 장려함으로써 팀은 집단 지성의 힘을 활용합니다. 협업은 다양한 시각을 활용하여 창의성을 자극하고 새로운 연결을 만들며 관행적인 사고를 도전합니다. 이는 아이디어의 시너지와 원활한 통합을 촉진하여 혁신적인 솔루션을 도출합니다. 창의적인 협업을 수용함으로써 조직은 최대한의 잠재력을 발휘하고 혁신을 유발하며 탁월한 결과를 이룰 수 있습니다.

"혼자서는 아무것도 할 수 없지만, 함께라면 우리는 많은 것을 이룰 수 있다."

헬렌 켈러

Fostering a culture of collaboration and creativity is crucial for inspiring innovative ideas and driving collective success.

Embracing Creativity:
Infusing Inspiration into Daily Life

Infusing creativity into daily life means incorporating **imagination**, **innovation**, and **originality** into our everyday activities and routines. It involves seeking creative solutions, thinking beyond conventional boundaries, and embracing fresh perspectives. Whether it's through artistic endeavors, problem-solving, or simply **infusing** creativity into ordinary tasks, integrating creativity brings joy, inspiration, and a renewed approach to life. By nurturing a mindset that appreciates and prioritizes creativity, and actively seeking opportunities to express it, we can unlock our inner creative potential and make our daily lives more **vibrant** and fulfilling.

> "Creativity is intelligence having fun."
>
> Albert Einstein

•••

imagination 상상력 | innovation 혁신 | originality 독창성 | infusing 주입하다 | vibrant 활기 넘치는

(해석)

창의성 확장하기: 일상 속 영감 넣기

일상 속에 창의성을 통합하는 것은 일상적인 활동과 루틴에 상상력, 혁신성, 독창성을 불어넣는 것입니다. 이는 창의적인 해결책을 찾고, 전통적인 틀을 벗어나고, 새로운 시각을 채택하는 것을 의미합니다. 예술적인 활동, 문제 해결, 혹은 단순한 일상적인 업무에 창의성을 불어넣는다면 창조적 사고는 기쁨, 영감, 그리고 생명력을 일으킵니다. 창의성을 높이 평가하고 우선시하고 그것을 표현할 기회를 적극적으로 찾는 마음가짐을 기르면 우리는 내면의 창의적 잠재력을 발휘하고 일상 속에서 더욱 활기찬, 충실한 삶을 만들어 갈 수 있습니다.

> "창의력은 즐거움으로 표현된 지성입니다."
>
> 알버트 아인슈타인

Infusing creativity into daily life means incorporating imagination, innovation, and originality into our everyday activities and routines.

관계

|

Relationships

건강한 관계는 행복하고 만족스러운 삶을 위해 필수적입니다.
가족, 친구, 동료와의 관계 형성, 커뮤니케이션 기술,
갈등 해결 등에 관한 책을 고려해 보세요.

Nurturing Meaningful Connections: Cultivating Strong Relationships

Cultivating strong relationships involves nurturing meaningful connections that withstand the test of time. It requires investing time, effort, and genuine care into fostering **bonds** with others. By actively listening, showing **empathy**, and offering support, we build trust, **intimacy**, and mutual understanding. Building strong connections also entails celebrating each other's successes, providing support during difficult times, and fostering a sense of belonging and acceptance. These connections enrich our lives, offer companionship, and contribute to our overall **well-being**. Through open communication, shared experiences, and a commitment to personal growth, we can cultivate enduring relationships that bring joy and fulfillment.

> "The quality of your life is the quality of your relationships."
> Tony Robbins

• • •

bonds 유대, 결속 | empathy 공감 | intimacy 친밀함 | belonging 소유물 | well-being 웰빙, 안녕함

(해석)

의미 있는 연결성 키우기: 강한 관계를 육성하기

튼튼한 관계를 구축하는 것은 시간의 흐름에 견딜 수 있는 의미 있는 인간관계를 형성하는 것입니다. 이는 상대방과의 유대 관계에 시간과 노력, 진정한 관심을 투자하는 것을 의미합니다. 상대방을 적극적으로 듣고 공감하며 서로를 지원함으로써 신뢰, 친밀감, 상호 이해를 형성할 수 있습니다. 튼튼한 관계 구축은 서로의 성공을 축하하고 어려운 시기에 서로 곁에 있으며 소속감과 받아들임의 느낌을 유지하는 것을 의미합니다. 이러한 연결은 삶을 풍요롭게 만들어 주며, 지지와 동반자 역할을 하며, 우리의 전반적인 복지에 기여합니다. 솔직한 대화, 공유된 경험, 개인적인 성장에 대한 헌신을 통해, 우리는 기쁨과 충족감을 줄 수 있는 지속적인 관계를 유지할 수 있습니다.

"당신의 삶의 질은 당신의 관계의 질입니다."
토니 로빈스

Cultivating strong relationships involves nurturing meaningful connections that withstand the test of time.

Building Bridges:
The Power of Effective Communication

Having effective communication skills is essential for **fostering** meaningful connections and promoting **understanding** among individuals. It encompasses expressing thoughts and ideas clearly, active listening, and empathetic communication. By refining these skills, we establish an environment of trust, respect, and open **dialogue**. Effective communication conveys intentions, emotions, and needs, leading to improved relationships and deeper connections. It involves paying attention to **non-verbal cues**, such as body language and tone. Developing communication skills cultivates stronger interpersonal connections, resolves **conflicts**, and fosters harmony and collaboration.

> "The single biggest problem in communication is the illusion that it has taken place."
>
> George Bernard Shaw

• • •

fostering 육성하다 | understanding 이해 | dialogue 대화 | non-verbal cues 비언어적 단서 | conflicts 갈등

(해석)

교감의 힘: 효과적인 커뮤니케이션의 힘

효과적인 커뮤니케이션 기술은 의미 있는 연결을 형성하고 개인들 간의 이해를 촉진하는 데 필수적입니다. 이는 생각과 아이디어를 명확하게 표현하고 적극적으로 청취하며 공감하는 커뮤니케이션을 포함합니다. 이러한 기술을 개선함으로써 우리는 신뢰, 존중, 개방적인 대화를 통한 환경을 구축합니다. 효과적인 커뮤니케이션은 의도, 감정, 필요성을 전달하여 관계 개선과 깊은 연결을 이끌어냅니다. 이는 신체 언어와 억양과 같은 비언어적 단서에도 주의를 기울이는 것을 포함합니다. 커뮤니케이션 기술을 개발함으로써 더 강한 대인 관계를 형성하고 갈등을 해결하며 조화와 협력을 육성할 수 있습니다.

> "소통에서 가장 큰 문제는 일이 일어났다고 착각하는 환상입니다."
>
> 조지 버나드 쇼

MP3

Having effective communication skills is essential for fostering meaningful connections and promoting understanding among individuals.

Resolving Conflicts:
Nurturing Stronger Relationships

Resolving **conflicts** positively impacts relationship **dynamics** and outcomes. It involves **addressing** challenges with **grace**, empathy, and effective communication. Active listening and understanding different perspectives are crucial. Approaching conflicts with a problem-solving mindset, focusing on mutual solutions, is key. Expressing emotions **constructively** and using "I" statements to express feelings and needs are important. Forgiveness and practicing empathy are essential. Handling conflicts positively strengthens relationships, builds trust, and deepens understanding. It allows for navigating challenges together and fostering growth and intimacy.

> **"In the end, the love you take is equal to the love you make."**
> **The Beatles**

• • •

conflicts 충돌 │ dynamics 역학 │ addressing 다루는 │ grace 우아함 │ constructively 건설적으로

(해석)

충돌 해결: 더 강한 관계를 기르는 것

충돌을 조화롭게 해결하는 것은 관계의 역학과 결과에 긍정적인 영향을 미칩니다. 이는 우아함, 공감심, 효과적인 의사소통으로 문제에 대처하는 것을 의미합니다. 적극적인 청취와 다른 시각을 이해하는 것이 중요합니다. 문제 해결 지향적인 마음가짐으로 충돌에 접근하고 상호 해결책에 초점을 맞추는 것이 핵심입니다. 감정을 건설적으로 표현하고 감정과 필요를 나타내는 "나"의 발언을 사용하는 것이 중요합니다. 용서와 공감심을 실천하는 것이 필수적입니다. 충돌을 긍정적으로 다루는 것은 관계를 강화하고 신뢰를 구축하며 이해를 깊게 하는 데 도움을 줍니다. 함께 도전을 극복하고 성장과 친밀한 관계를 유지할 수 있게 해줍니다.

> "결국, 네가 주는 사랑은 네가 받는 사랑과 같다."
> 더 비틀즈

Resolving conflicts positively impacts relationship dynamics and outcomes.

30일간 하루 10분 영어필사

초판 1쇄 발행 2023년 6월 17일
초판 4쇄 발행 2024년 8월 12일

지은이	AI 편집부
발행인	임충배
홍보/마케팅	양경자
편집	김인숙
디자인	정은진
펴낸곳	마들렌북
제작	(주)피앤엠123

출판신고 2014년 4월 3일
등록번호 제406-2014-000035호

경기도 파주시 산남로 183-25
TEL 031-946-3196 / FAX 031-946-3171
홈페이지 www.pub365.co.kr

ISBN 979-11-92431-29-1 13740
© 2023 AI 편집부 & 마들렌북